LE SECRET DE LA JOIE

Dans la même collection :

* Série " *Vie dans l'Esprit* " :

Soeur Marie-Laetitia :
Découvrir l'oraison, 1992

Evelyne Madre :
L'abandon à la Providence, 1992

Doudou (Jean-François Callens) :
Evangéliser - canon 211 - 1ère partie, 1992

Soeur Thérèse :
Amour et sacrifice, 1992

* Série " *Renouveau et charismes* " :

Philippe Madre :
Aspirez aux charismes, 1992

Philippe Madre :
Discernement des esprits, 1992

* Série " *Pères de l'Eglise* " :

Soeur Catherine :
Passionnés de Dieu, 1992

* Série " *Vierge Marie* " :

Père Daniel Lacouture :
Plus Mère que Reine, 1992

Soeur MARIE-LAETITIA

LE SECRET DE LA JOIE

5e édition

"Petits Traités Spirituels"

Pneumathèque

ISBN 2-84024-018-1
Pneumathèque
Société des Oeuvres Communautaires, 1992

Illustration de couverture :
Le Couronnement de la Vierge (détail),
Fra Angelico, 1425.

INTRODUCTION

DESTINES A LA JOIE

Pourquoi parler de la joie ? D'abord parce qu'elle est encore trop peu connue, trop peu aimée, trop peu désirée. Il est vrai que depuis l'Encyclique "*Gaudete in Domino*" (Réjouissez-vous dans le Seigneur), du Pape Paul VI, en 1975, l'Eglise nous a régulièrement, et de façon de plus en plus pressante, invités à nous ouvrir à la vraie joie.

Mais force est de constater que, souvent, nous sommes démunis en face d'elle ; comme s'il nous fallait retrouver le chemin qui nous y conduit, chemin pour bon nombre d'entre nous oublié, enfoui sous un amas de soucis, inquiétudes, doutes, incompréhensions, etc.

L'homme est un être de désir, aussi est-il apte à connaître la joie... Sans elle, il ne peut vivre et il y aspire de toutes ses forces. C'est très souvent ce désir de joie - et de bonheur - qui inspire ses actes et ses choix de vie.

Cependant, l'homme est, avant tout, un être spirituel, c'est-à-dire créé par Dieu et pour vivre en relation à Dieu ; en ce sens, il ne peut pas être comblé par n'importe quelle joie. Il ne trouvera son repos et la dilatation de son coeur que dans l'accueil de la vraie joie, celle que le monde est incapable de donner, mais que Dieu seul accorde à celui ou celle qui la Lui demande.

Il y a en effet joie et joie. Un même mot ne recouvre pas toujours les mêmes réalités. Si la joie est une exigence profonde du coeur de tout homme, elle implique également une exigence quant aux choix de vie qui en seront sa trame de fond.

Après avoir brièvement montré en quoi l'esprit du monde est hostile à la vraie joie, nous partirons à la découverte de ce secret, inscrit au plus profond de nos coeurs, et que le Seigneur seul peut nous révéler.

I

LA JOIE AU CRIBLE DE L'ESPRIT DU MONDE

1- L'esprit du monde est hostile à la joie

Quand il est question du "monde", il importe de savoir ce que ce mot recouvre. Dans la pensée de saint Jean, le monde est celui qui est hostile à Dieu, celui qui par définition refuse Dieu. Il ne s'agit pas de rejeter en bloc les sociétés dans lesquelles nous vivons et les hommes et les femmes que nous côtoyons, sous prétexte que tout est mauvais. Mais il s'agit de prendre conscience que le "monde", s'il ne se réfère pas à son Créateur, se laisse mener trop facilement par l'esprit du Prince des ténèbres... C'est en ce sens que l'on peut dire que l'esprit du monde est hostile à la joie.

Par ailleurs, il véhicule une anesthésie progressive concernant tout ce qui est Dieu et qui vient de Dieu. Le danger est alors, pour l'homme moderne, de se laisser anesthésier sans s'en rendre compte.

Comme le remarque Robert Larger dans son essai sur la Joie chrétienne, le rejet actuel de la joie va de pair avec le rejet de la vie. Or la joie est la réponse foncière de celui ou celle qui aime la vie. Qui accueille la vie, accueille la joie.

Malgré la course au "bonheur" des hommes et des femmes de notre temps, il en est peu qui aiment la vie... et donc qui vivent de joie !

Il serait facile à celui qui jetterait un coup d'oeil rétrospectif sur les siècles derniers, de constater qu'un net déséquilibre s'est produit en faveur de la tristesse et de son cortège d'amertume, d'angoisse et de désespoir. Le bonheur ne se rencontre pas dans l'assouvissement immédiat de ses instincts, dans la recherche égocentrique de son plaisir, de son bien-être personnel. Or, c'est cela que le monde propose.

Le Père Gaston Courtois a remarqué que l'attitude des siècles passés à l'encontre de la joie a finalement abouti à l'évacuer, lentement, mais aussi sûrement, du coeur des gens.

- La Renaissance, constate-t-il, a paganisé la joie, lui retirant son sens ultime : son sens spirituel.
- Ensuite, la Réforme l'a fait fuir, elle-même suivie du Jansénisme qui, par son austérité, son moralisme et sa rigueur, l'a en quelque sorte annihilée.
- Le XVIIIème siècle (celui de Voltaire), n'a pratiquement connu que le ricanement, alors que le XIXème siècle (celui du Romantisme), s'est très largement laissé imprégner par la mélancolie.

Aussi l'Eglise tente-t-elle, et depuis déjà quelques dizaines d'années, de réveiller ses fils et ses filles quant à la nécessité de vivre de la joie de Dieu, et d'implorer ce don du Très-Haut. Ce n'est qu'avec un renouveau religieux que la joie pourra renaître dans le coeur des chrétiens, car comme le dit Chesterton, "la joie est le secret gigantesque du chrétien". Mais, malheureusement, le chrétien lui-même, ignore qu'il est dépositaire d'un tel secret.

> "... Nous voulons vous exhorter, fils et frères dans l'Eglise Catholique, à vivre dans la sérénité et dans la joie, vous redisant les paroles de saint Paul : *Réjouissez-vous dans le Seigneur en tous temps ; je le répète, réjouissez-vous*". (Paul VI, 1974)

N'est-il pas étonnant qu'il faille à l'Eglise dire et redire sans cesse que le christianisme est une religion de joie, que Dieu est joie et que l'Evangile (qui veut dire "Bonne Nouvelle") doit nous remplir d'allégresse ?

C'est peut-être que la tristesse a trop tendance à dominer, chez les chrétiens eux-mêmes. On a trop parlé d'un christianisme maussade et ennuyeux, comme s'il était normal qu'il le soit. Il devenait synonyme de vie mélancolique, d'interdits et de devoirs, et même de complaisance malsaine avec la souffrance. Certains catholiques se refusant jusqu'au droit d'éprouver de la joie tant que la maladie, la faim, la guerre régneraient dans le monde !

Trop de chrétiens, invoquant la citation de Pascal : "Le Christ est en agonie jusqu'à la fin des temps", en ont tiré la conclusion que la vie chrétienne ne pouvait s'accorder le droit d'être joyeuse !

Il est vrai que l'agonie du Christ se poursuit encore dans les pleurs de ceux et celles qui souffrent aujourd'hui et souffriront demain. Il serait cependant dangereux d'oublier que le Christ est aussi ressuscité pour moi, pour eux, que la victoire est à jamais remportée sur toute forme de mort et de mal, de maladie.

Pour ce qui est de l'exhortation de saint Paul : *Pleurez avec ceux qui pleurent* (Rm 12, 15), si elle appelle à une compassion envers les différentes formes de souffrances, elle n'implique en aucune manière un apitoiement de mauvais goût. La meilleure attitude que l'on puisse avoir envers ceux qui nous sont chers et qui souffrent, c'est encore de véhiculer la joie (avec tact et délicatesse bien sûr) pour les vivifier et leur apporter espoir et consolation.

La vie chrétienne normale est donc imprégnée de joie : cette dernière en est comme l'atmosphère, l'ambiance.

Regardez vivre une paroisse, une famille chrétienne, ou une communauté ; si le climat qui s'en dégage est un climat de joie, vous pourrez à coup sûr reconnaître une paroisse, une communauté et une famille, authentiquement chrétiennes.

> "... Un chrétien ne peut pas être vraiment triste, radicalement pessimiste". (Paul VI)

Je reviendrai dans le quatrième chapitre sur la cohabitation de la souffrance et de la joie dans la vie de tout homme. Cependant, il convient dès à présent de dire et redire qu'un christianisme sans joie n'est pas digne de son nom. Ou s'il est tel, c'est qu'il a certainement perdu les valeurs surnaturelles qui devaient être son fondement.

Il faut vraiment (comme le soulignait là encore Paul VI) que l'idée que nous nous faisons de notre religion - et j'oserais dire l'idée que nous en propageons, intentionnellement ou non autour de nous - soit celle d'une religion de joie.

2- Explication des mots

Mais peut-être conviendrait-il, avant de continuer à découvrir le secret de la joie, de définir plus nettement les mots qui servent à évoquer cette réalité. Car, comme nous l'avons déjà dit, il y a joie et joie.

Il existe toute une gamme de mots pour exprimer la joie, chacun ayant une nuance particulière. Je ne me lancerai pas ici dans l'explication précise de tous ces mots : allégresse, bonheur, liesse, exultation, contentement, plaisir, etc. Je souhaiterais simplement distinguer, assez nettement, les mots "plaisir" et "jouissance" de notre définition de la joie.

Le plaisir et la jouissance n'impliquent qu'une simple satisfaction de nos instincts, plus ou moins nobles (mais là n'est pas la question). Il est très important de réaliser qu'avec le plaisir des sens, il y a forcément l'aspect d'instantanéité et de fugacité.

L'expérience de la joie implique au contraire le sentiment d'une certaine durée - quoique parfois non sentie. Le plaisir des sens implique aussi presque toujours un aspect d'égocentrisme, également contraire à la vraie joie.

On **a** du plaisir : il est du domaine de l'**avoir** alors qu'on **est** dans la joie : elle est du domaine de l'**être**. On peut **se donner** du plaisir mais on ne peut qu'**accueillir** la joie.

Qu'on ne pense surtout pas que le but de telles précisions soit de déprécier les simples plaisirs humains, ni même de conclure que la vraie joie ne peut avoir aucun retentissement sensible en nous. Il s'agit de dégager la vraie joie de la fausse joie.

La joie n'est pas simplement un retentissement sensible en nous, elle va chercher beaucoup plus profond. Elle n'est certainement pas l'assouvissement éphémère de ce que notre égoïsme ou nos attraits ambigus nous présentent comme comblant.

Il est évident que nos sociétés modernes ont multiplié les occasions de plaisir, mais qu'elles ont aussi étouffé les vraies sources de la joie. L'homme du XXème siècle veut jouir de la vie tout de suite, sans qu'aucune exigence ne vienne contrecarrer sa quête de bonheur - bonheur sensible et souvent passionnel. Le problème est que ce bonheur là, fondé plus sur le plaisir que sur la joie, ne le comble en aucune façon et que le choc brutal avec la réalité ne fait qu'accentuer une certaine amertume intérieure.

Contrairement au plaisir ou à la jouissance, la joie implique toujours un caractère de permanence, de profondeur, et un goût de plénitude.

Il est vrai qu'il est très difficile de donner une définition précise de la joie puisque, ainsi que nous le verrons ultérieurement, elle n'est pas quelque chose mais elle est Quelqu'un.

Cependant, dans son retentissement en nos âmes, c'est une sorte de frémissement intérieur (quelquefois à peine perceptible), une sorte de lame de fond qui nous soulève et qui fait, comme le disait Bergson, "qu'à certains moments on éprouvera comme un étonnement d'être".

Très liée à l'expérience de la paix intérieure, elle rajoute une note exultante qui éblouit tout en même temps qu'elle étonne ; son goût n'a rien à voir avec celui de la joie du monde.

3- La joie : apanage du chrétien

Sans qu'il soit question de triomphalisme, il faut oser dire avec Paul Claudel que "seuls les chrétiens possèdent la joie" ou ont cette possibilité de la posséder. Car ce qu'est la joie, Dieu seul peut nous le révéler. C'est un secret qu'Il désire tant nous dévoiler et dans lequel nous avons à nous laisser entraîner :

> *Entre dans la joie de ton Maître.*
> (Mt 25, 21)

De la joie offerte par Dieu, nul n'est exclu. Mais notre foi, notre religion, ont un message d'une particularité tout à fait étonnante : Dieu est joie, Il est notre bonheur ! Et la joie d'être chrétien est vraiment capable de combler le coeur de l'homme ; ce nous est un devoir de crier aux hommes de notre temps que l'Evangile est joie et que Dieu seul donne la joie ultime et véritable.

Mais comment cela peut-il bien se faire si nous vivons trop peu de cette joie et si nous la croyons impossible, ou si nous ne savons pas ce qu'elle est ?

4- Joie humaine, joie spirituelle

Dans la Bible, joie et bonheur sont évoqués plus de huit-cents fois : c'est dire combien cette Bonne Nouvelle véhicule un message qu'il nous est capital de recevoir. La révélation du Dieu Créateur et Sauveur provoque en l'homme une joie débordante.

La Bible ne méprise nullement les joies simples de la vie : celle d'une moisson ou d'une vendange fructueuse, celle de se retrouver ensemble en frères afin de célébrer Dieu, celle de mettre au monde un enfant, ou encore la joie qui vient de l'émerveillement devant la création.

Il semble d'ailleurs aujourd'hui que même ces simples joies humaines ne sont pas vraiment goûtées et appréciées. Dans son Encyclique "*Gaudete in Domino*", Paul VI alertait les chrétiens sur la nécessité "d'apprendre ou de réapprendre à goûter simplement les multiples joies humaines que le Créateur met déjà sur nos chemins. La joie chrétienne - soulignait-il - suppose un homme capable de joies naturelles".

En effet, c'est bien souvent à partir de ces joies simples que le Christ a annoncé le Royaume de Dieu. Mais savons-nous encore nous réjouir de l'amitié partagée, ou nous émerveiller du miracle permanent de la vie qui nous est donnée, de la beauté de la nature ?

Déjà ces joies humaines plaisent à Dieu. N'oublions pas de les Lui offrir pour qu'Il les purifie, les sanctifie et les intensifie. La découverte de la vraie joie suppose cependant qu'ensuite nous puissions aller plus haut, que nous ne nous arrêtions pas au caractère horizontal des joies qui nous sont offertes, mais que nous trouvions en toutes l'axe vertical.

Car la joie du chrétien est avant tout une joie spirituelle. Il est normal qu'elle rayonne aussi sur toutes les joies naturelles et sensibles. C'est même elle qui fait que ces dernières sont vraiment des joies pour le coeur de l'homme.

Cependant, celui qui s'arrête aux seules joies humaines - si exaltantes soient-elles - sans chercher à les relier à leur source, ne peut qu'expérimenter leur caractère éphémère, et sa soif de joie authentique n'en est aucunement comblée.

> "L'expérience de la finitude, que chaque génération refait pour son propre compte, oblige à constater et à sonder l'écart immense qui subsiste toujours entre la réalité et le désir d'infini". (*Gaudete in Domino*, Paul VI)

5- La joie et la vie du Royaume

> *Car le Règne de Dieu n'est pas une affaire de nourriture et de boisson, il est justice, paix et joie dans l'Esprit Saint* (Rm 14, 17).

Pourquoi notre joie est-elle tout d'abord spirituelle, si ce n'est qu'en tant que chrétiens, nous sommes dans le monde mais pas du monde (cf. Jn 15, 18ss).

Notre vraie vie est dans les cieux. Cette réalité de la vie du Royaume ne fait pas du chrétien quelqu'un de désincarné. On a reproché au christianisme d'inciter les hommes à fuir les réalités concrètes de la vie par peur de les assumer et de s'y adapter. Au contraire, celui qui a le coeur au ciel a d'autant plus les pieds sur terre. Mais seulement les pieds ! Pas plus...

> "Notre vie sur la terre, dans la mesure où elle procède de la grâce et est menée à la lumière et sous la direction de la foi, est réellement la vie éternelle commencée" (Jean Daujat).

Il est vrai que nous ne possédons pas encore la vision face à face avec Notre Seigneur et en ce sens, notre joie est encore en partie voilée. Mais nous pouvons déjà vivre un coeur à coeur avec Lui et laisser cette vie du Royaume irradier tout notre être.

II

LE SECRET DE LA JOIE

Si la joie que l'homme recherche n'a pas son motif principal dans les biens, les réussites et les plaisirs de ce monde, c'est que sa source est ailleurs. Cette joie n'est nullement psychologique mais elle est spirituelle : cette joie est en Dieu même.

Tous les saints, sans aucune exception, ont rayonné d'une joie ineffable et inaltérable, même au milieu des pires souffrances qui les accablaient. Pourquoi ?

Pourquoi rayonnaient-ils de cette joie indicible qui rendait si souvent jaloux leurs ennemis, alors qu'aux yeux du monde ils manquaient de tout, qu'ils étaient le plus souvent humiliés, pauvres ou malades ?

C'est que leur joie était ailleurs que dans la réussite, la santé ou les honneurs. Leur joie était en Dieu, elle était Dieu Lui-même. Il nous appartient, à nous aussi, de découvrir davantage le secret dont ils étaient porteurs.

1- La joie est un don

Cette joie là, nul ne peut l'acquérir par lui-même, car elle est un don gratuit de Dieu. Nous verrons un peu plus loin qu'il peut nous incomber de la faire croître, de l'entretenir pour ne pas la laisser s'éteindre. Mais il ne faudrait pas oublier qu'elle est avant tout un don. C'est un de ses paradoxes : elle est à la fois en nous et en dehors de nous, puisqu'elle est un cadeau de Dieu.

C'est donc qu'il ne nous faut pas la rechercher pour elle-même, ou encore pour notre propre bien-être et notre satisfaction personnels. Cela voudrait dire que nous recherchons Dieu pour la délectation que sa présence cause en nos âmes et non d'abord pour Lui-même.

Mais celui qui reçoit la joie comme un cadeau de Dieu, ressemble à l'homme qui a découvert une perle dans un champ et qui vend tout ce qu'il a pour "acheter" ce champ (cf. Mt 13, 45). La joie est cette perle précieuse, le plus souvent déposée dans le champ de notre coeur et que Dieu nous a offerte gratuitement.

Nous l'avons peut-être découverte sans grande fatigue, parce que c'est Lui qui est venu le premier, Lui qui a déposé ce trésor en nos coeurs, mais qui attend que nous fassions tout pour garder ce trésor, pour ne pas disperser ce capital de joie qui s'est accumulé en nous (cf. Paul VI, 1988).

Cette joie là ne s'use pas, ne se flétrit pas comme les joies éphémères que le monde peut procurer. Il nous appartient cependant de la faire grandir ou de la laisser enfouie bien profondément sans la faire fructifier.

2- Joie et conversion

Ainsi, l'accueil de la joie de Dieu impliquera sans cesse de nous une conversion grandissante et un dépouillement de tout ce qui serait susceptible de ternir cette joie, de l'étouffer. Son éclosion va de pair avec un certain travail de purification intérieure qui élague en notre coeur les vains désirs, et tous ces carcans que nous nous sommes forgés afin de ne pas avoir à nous regarder en face, pauvres et nus.

La joie naît de la vérité. Les hommes ont gardé au fond de leur coeur ce goût de la joie qui naît de la vérité. Mais, en même temps, elle leur fait peur car ils pressentent que s'ils s'ouvrent à cette joie et cette vérité, elles leur renverront la véritable image d'eux-mêmes, dépouillée de tout artifice, de tout maquillage.

Aussi n'y a-t-il pas d'expérience de joie sans abaissement, quelle que soit d'ailleurs la forme que prendront cet abaissement et cette mort à soi-même. Dans la découverte de nos faiblesses, Dieu nous fera alors découvrir une joie très particulière : celle de savoir et de sentir que malgré cela (voire à cause de tout cela), Il ne nous en aime pas moins.

Cette découverte est le centre de la spiritualité de la petite Thérèse qui mettait sa joie dans ses faiblesses, non à cause de ses faiblesses mais à cause de la bonté et de la tendresse de Dieu envers elle.

> "Quelle douce joie de penser que le Bon Dieu est juste, qu'Il tient compte de nos faiblesses, qu'Il connaît parfaitement la fragilité de notre nature". (Sainte Thérèse de Lisieux)

C'est cette confiance en la tendresse du Père qui donne à la joie thérésienne une note de paix qui en est la principale caractéristique. Elle se sait pauvre et elle se sent faible, mais elle ne cherche pas à se masquer ses propres faiblesses. Au contraire, elle trouve sa joie dans l'aveu de sa petitesse.

C'est donc qu'il faut être petit pour goûter profondément la vraie joie. Celui qui du haut de sa grandeur refuse de s'abaisser, ne connaîtra jamais la joie. Au contraire, il lui faudra toujours plus de tristesse pour nourrir sa propre révolte contre Dieu, contre les hommes... et aussi contre lui-même.

> "Il y a beaucoup d'humilité à accepter d'être heureux et l'orgueil a besoin du malheur pour en nourrir sa révolte". (Cardinal Daniélou)

Alors acceptons la conversion de coeur que Dieu implore de nous : retournons à Lui comme vers un Père et Il nous envahira de sa joie. Le repentir lui-même provoque souvent en nous une certaine joie, parfois mêlée de larmes : celle-ci n'en est pas moins joie car nous comprenons de l'intérieur que Dieu ne saurait nous réduire aux fautes que nous avons commises. En effet, la tendresse de Dieu attendrit notre coeur, et les larmes qui accompagnent l'aveu du péché ne sont que le signe d'une saine capitulation du coeur qui renonce à sa suffisance et s'ouvre à la miséricorde de Dieu.

C'est la joie du Père qui accueille le Fils prodigue et qui communique à son enfant retrouvé sa propre joie :

> *Il y a plus de joie dans le ciel pour un seul pécheur qui se repent que pour quatre-vingt-dix-neuf justes qui n'ont pas besoin de repentir* (Lc 15, 7).

3- La joie et la liberté intérieure

De façon générale, la conversion est un point de départ vers une découverte plus intense de la vraie joie. Mais cette dernière va supposer l'acceptation d'un cheminement intérieur où le coeur devra se laisser éduquer et débarrasser de ses fausses joies.

La convoitise corrompt trop facilement, même les bienfaits offerts par Dieu. Le risque est, surtout dans les débuts d'une vie spirituelle, de s'arrêter aux dons de Dieu sans monter vers leur source. Le Seigneur éduquera progressivement nos désirs, afin de nous faire grandir dans la liberté intérieure si nécessaire pour goûter la joie.

Il est vrai que ce chemin vers la liberté de coeur est souvent escarpé et pénible par moments. Nous aurons peut-être des luttes fatigantes à soutenir et des renoncements à opérer envers bien des satisfactions passagères, pour goûter un peu de cette liberté intérieure. Mais celui qui a peiné pour elle sait que la joie qui en découle vaut bien le prix de l'effort, car cette joie que Dieu lui donne à goûter n'est nullement comparable aux joies d'un coeur qui se laisse mener au gré de ses instincts et convoitises.

Il ne faudrait pas croire que cette liberté intérieure s'acquière dans une sorte de rigidité - ou de stoïcisme - pour ne plus rien sentir, ne plus rien éprouver. Une âme libre continue à sentir sa petitesse, sa pauvreté, mais elle est si fortement ancrée en Dieu qu'elle n'a rien à craindre. Ses faiblesses, au lieu d'être des obstacles à la liberté intérieure, sont au contraire de véritables tremplins pour une plus grande sainteté.

La paix et la joie qui habitent une âme libre font que cette dernière n'a pas besoin des autres pour combler un vide intérieur ou pour se divertir. Elle les aime pour eux-mêmes et non pas pour le bien-être qu'ils seraient susceptibles de lui procurer.

III

NOTRE DIEU

EST UN DIEU DE JOIE

Si le christianisme est joie, c'est principalement parce qu'il donne au chrétien de participer à la joie même qui habite la Trinité. La joie est comme le climat qui règne en Dieu. Nous avons l'habitude de dire que Dieu est Miséricorde, Paix, Joie, etc.

Comme le fait remarquer le Père François Varillon, pour être juste dans notre approche du mystère de Dieu, il faudrait dire que Dieu n'est qu'Amour. C'est cet Amour qui est bon, miséricordieux, joyeux, etc.

L'homme peut - en telle ou telle circonstance de sa vie - appréhender par le coeur les attributs divins qui nous ont été révélés.

Il expérimentera, par exemple, la bonté paternelle de Dieu dans ses besoins propres, ou la miséricorde de Jésus lui pardonnant ses péchés.

Pour goûter la joie, il faut en fait plonger dans ce qu'est le climat trinitaire. Dieu Père, Dieu Fils et Dieu Saint-Esprit vivent entre eux d'une joie parfaite et totale à cause de l'Amour dont Ils s'aiment.

La joie plénière qui existe en Dieu provient du don mutuel que Se font les Personnes de la Trinité. En effet, dès qu'il y a don, il y a joie potentielle. Ce don est entier en Dieu, sa joie est donc plénière... Le Père fait la joie du Fils en Se donnant totalement à Lui. Le Fils fait la joie de son Père en Se livrant Lui aussi complètement. Ils sont la joie l'Un de l'Autre. Et pour prendre une image, on pourrait dire que cette "explosion de joie" qu'il y a entre Eux est une Personne : le Saint-Esprit.

1- Le Saint-Esprit : éducateur de la joie divine

Notre approche de la joie qui existe en Dieu se veut très sommaire. Nous avons cependant entr'aperçu que le Saint-Esprit est peut-être la Personne divine qui peut nous enseigner le mieux ce qu'est la vraie joie. Dans le Nouveau Testament, les références abondent en ce sens :

> *Le fruit de l'Esprit Saint est charité, joie, paix* (Ga 5, 22).

> *Quant aux disciples, ils étaient remplis de joie et de l'Esprit Saint.* (Ac 13, 52)

Il serait trop long d'énumérer toutes les citations où la joie est directement liée à la Personne de l'Esprit Saint. Toutefois, notre apprentissage de la vraie joie, c'est à Lui que nous devons le demander. Jésus et Marie ont tressailli d'allégresse sous son action (cf. Lc 10, 21).

En remontant vers le Père, Jésus a promis à ses disciples (et donc à l'Eglise naissante) qu'Il ne les laisserait pas orphelins. Il leur a promis le don de son Esprit afin qu'Il les introduise Lui-même dans la joie de la "possession de Dieu".

La joie de l'Eglise (celle qui lui vient de l'Esprit Saint) est une joie d'épouse : elle est l'Epouse du Christ. Nous qui sommes ses fils et ses filles, nous avons part à cet héritage si nous nous y ouvrons.

Un petit détail qui n'en est pas moins significatif : en 1975, c'est à la veille de la Pentecôte que Paul VI a publié son encyclique sur la joie : "*Gaudete in Domino*". Il désirait montrer aux chrétiens combien le don de l'Esprit pouvait les éduquer quant à l'accueil de la vraie joie.

2- Amour et joie en Dieu

Nous avons vu ensemble que la joie en Dieu venait du don que chaque Personne de la Trinité faisait d'Elle-même. Il n'est pas question ici de faire toute une démonstration théologique sur les liens qui existent entre joie et amour. Cependant, nos coeurs peuvent facilement entrevoir que ce don est un don d'amour. C'est à cause de l'amour ineffable dont Il Se savait aimé du Père que Jésus a rayonné d'une telle joie et d'une telle paix.

Quand on se donne, ce ne peut être que dans un élan d'amour, ou alors c'est qu'on ne se donne pas vraiment, et inversement, celui ou celle qui aime ne peut que se donner à l'être aimé ou alors c'est qu'il n'aime pas en vérité.

Le monde n'a vu, et ne voit encore trop en Dieu, qu'une sorte de tyran sans cesse aux aguets de la faiblesse et du péché de l'homme. Ou alors, Il ne lui apparaît que comme un être très lointain, indifférent à ce qui se vit ici-bas. Si telles sont les images que le monde a de Dieu, il n'est pas étonnant qu'il ne souhaite pas S'en rapprocher. Comment croire à l'amour d'un tel Dieu ? Comment désirer L'aimer en retour et croire qu'Il peut nous donner sa joie ?

Pourtant, Dieu n'est qu'amour et Il n'est que source de joie. Tous ceux et celles qui font l'expérience d'une véritable rencontre avec ce Dieu-Amour et qui - d'une façon ou d'une autre - se mettent à sa suite, ne peuvent que participer à la joie :

> *Je leur ai révélé ton Nom et le leur révèlerai, pour que l'amour dont Tu m'as aimé soit en eux et Moi aussi en eux* (Jn 17, 26).

Nous savoir aimés, choisis par Dieu comme des fils, n'est-ce pas là une joie profonde ? Nous réjouir en Dieu, de la joie même de Dieu, n'est-ce pas, tout compte fait, notre vocation de chrétiens ?

Dieu n'a pas voulu garder sa joie pour Lui-même. En créant l'univers et en modelant l'homme à son image et à sa ressemblance, Il a désiré lui partager sa joie. Il n'a pas créé l'homme pour sa propre béatitude car Il Se "suffit" à Lui-même. En ce sens, nous n'ajoutons rien à sa joie. Il nous a créés par débordement d'amour, pour Se donner à nous, et nous communiquer sa propre joie.

3- Communion et contemplation

Ayant été créés à l'image et à la ressemblance de Dieu, nous sommes faits pour la joie, dans la mesure toutefois où nous entrons en communion avec notre Créateur.

L'un des plus grands obstacles à la joie chrétienne réside dans un certain abandon de la contemplation. Car c'est elle qui nous introduit en présence de la source de notre joie : Dieu Lui-même. Plus encore : par la prière et la contemplation, le Seigneur Se laisse toucher, saisir par l'âme qui L'aime. Il lui communique ainsi ce qu'Il est : bonté, douceur, paix, amour, joie, etc.

En effet, d'une manière générale, la joie naît de la présence toute proche de ce que nous aimons. A plus forte raison la vraie et profonde joie vient-elle de la présence près de nous et en nous de Celui que nous aimons.

> "Un chrétien peut manquer de tout, mais s'il est uni à Dieu dans la foi et la charité, il ne peut manquer de joie". (Paul VI)

Dans son Encyclique, Paul VI rappelait aussi que l'homme éprouve la joie "dans la possession d'un bien connu et aimé". Par la contemplation, Dieu se donne à l'homme, et celui-ci en éprouve une joie indicible.

Cela implique de nous une certaine fidélité dans la pratique de la prière, afin que nous puissions dépasser les obstacles d'aridité et de sécheresse inhérents à toute vie d'oraison. Dans la mesure où nous persévérons, Dieu ne manquera pas de répandre en nos coeurs une certaine douce suavité qui témoignera de sa présence. Quant à ce sujet, nous pourrons nous référer à un petit traité déjà paru : *Découvrir l'oraison.*

> "La contemplation est le commencement de la joie qui n'aura pas de fin". (Père Thomas Dehaut)

Il nous est dit des anges qui contemplent en permanence la face de Dieu qu'ils se réjouissent. Dieu ne saurait nous priver d'un tel bonheur si nous nous tenons en sa présence par la contemplation : *Je les réjouirai dans ma maison de prière* (Is 56, 6).

C'est alors que nous pourrons goûter la joie véritablement spirituelle : notre coeur trouvera son repos et sa joie ultime dans la possession de Dieu qui Se sera livré à nous. Précisons également que cette expérience de la présence de Dieu ne procure pas une joie superficielle s'apparentant davantage à la gaieté bruyante ou résultant d'une passivité béate, mais elle procure une joie profonde, que rien ne peut réellement altérer.

Plus une âme entre en communion avec Dieu, plus elle Lui est unie, et plus aussi elle trouve sa joie à découvrir combien tout ce qu'elle vit a un sens. Elle découvre Dieu partout, elle comprend le pourquoi de son existence ; les mystères du Royaume se dévoilent progressivement à elle, et elle peut ainsi s'émerveiller de ce que toute l'économie du salut s'ordonne autour de la seule présence de Jésus qui se révèle à elle.

> "Le Christ est la joie de la vie ! Il est la joie parce qu'Il donne à notre vie sa vraie signification, sa dignité, sa sécurité" (Paul VI).

4- Joie et don de soi

Cette joie qui naît de la communion avec Dieu ne saurait demeurer sans aucun effet en nous. Elle nous provoquera au don de nous-mêmes. Elle nous invitera toujours à aller plus loin, à dépasser nos propres limites pour nous donner plus complètement, plus gratuitement. C'est grâce à cela qu'elle grandira et fructifiera. Il y a une joie immense à se donner soi-même : à Dieu puis aux autres, comme par débordement :

> *Il y a plus de joie à donner qu'à recevoir* (Ac 20, 35).

Un des gros obstacles à l'épanouissement de la joie est le repliement sur soi. En général, nous nous replions sur ce qui nous fait mal, ou par peur d'exigences que nous ne nous sentirions pas capables de vivre.

Il y a des moments - ou des domaines - dans lesquels nous nous sentons incapables de nous donner. Mais Dieu nous demande peut-être, dans un premier temps, de nous donner là où nous le pouvons. Peu à peu, Il se chargera Lui-même de faire reculer nos limites intérieures, dans la mesure où nous serons consentants. Cela se fera peut-être au prix de certains écartèlements mais toujours pour notre plus grande joie et pour la Sienne.

Pour ne pas nous exposer à la tristesse que provoque le repliement sur soi, il faudrait demander au Seigneur la grâce de renoncer définitivement à tout repli volontaire sur soi. Je connais certaines personnes qui ont fait ce "pari", se confiant à la grâce de Dieu, et Dieu a répondu. De leur propre aveu, cette promesse qu'elles ont faite au Seigneur, même au prix de combats et de luttes à certains moments, les a fait grandir dans la joie plus vite qu'elles ne l'auraient imaginé.

IV

SOUFFRANCE ET JOIE

"Il reste qu'ici-bas, la joie du Royaume réalisé ne peut jaillir que de la célébration conjointe de la Mort, et de la Résurrection du Seigneur. C'est le paradoxe de la condition chrétienne qui éclaire singulièrement celui de la condition humaine. En effet, ni l'épreuve ni la souffrance ne sont éliminées de ce monde, mais elles prennent un sens nouveau dans la certitude de participer à la Rédemption opérée par le Seigneur et de partager sa Gloire".
(*Gaudete in Domino*, Paul VI)

1- La souffrance est inhérente à notre condition humaine

La souffrance ici-bas n'est épargnée à aucun homme. Car, avec le péché, la mort et le mal sont entrés dans le monde avec leur cortège de souffrances.

Le chrétien sait qu'il lui faudra affronter toutes formes d'épreuves. En effet, même si la joie qu'il éprouve sur cette terre évacue l'inquiétude anxieuse, elle n'élimine pas la souffrance. Sa foi n'est pas une drogue qui le prémunirait contre la douleur, elle est la garantie de conserver sa joie au sein même de cette douleur.

Comment lui est-il possible d'accorder ces deux expressions apparemment si opposées : souffrance et joie ?

Celui qui n'a pas reçu le don de la foi ne peut que s'enfoncer dans un constat amer : dans la vie, les peines succèdent aux joies et ainsi de suite, sans raison, sans lien, et sans aucun sens.

Dans leur recherche si enfiévrée de bonheur, les hommes se heurtent sans cesse à une incapacité : celle d'atteindre leur but ! Si à un moment ou à un autre ils croient avoir saisi ce bonheur, leur réveil, tôt ou tard, n'en est que plus cruel : déception des amitiés qui se brisent, de la mort qui sépare ceux qui s'aiment, ou de la maladie qui vient ruiner une vie, etc.

"... Pour les païens, cette cohabitation de la joie et de la douleur fait l'objet d'un constat amer, assumé orgueilleusement chez les stoïciens ; pour le chrétien, le paradoxe est assumé dans l'espérance d'une transfiguration". (Robert Larger)

2- Passion et Résurrection de Jésus-Christ

C'est précisément au coeur de leurs détresses que les hommes que nous côtoyons ont besoin de découvrir et de goûter la joie. Nous, chrétiens, qui possédons ce trésor de croire en la victoire du Christ ressuscité, nous avons à leur dire que "la souffrance et la joie ne sont plus des ennemies irréductibles" (Paul VI).

En effet, c'est le Christ mort et ressuscité pour moi, pour chacun d'entre nous, pour eux, qui est notre joie ; c'est sa victoire définitive sur la mort qui nous fait jubiler d'une joie indicible !

Mais il ne faudrait jamais rendre antagonistes la Mort et la Résurrection du Christ, car elles participent au même mystère du don d'amour de Jésus. Il faut mourir pour vivre ; il faut au grain de blé s'enfouir sous terre pour porter du fruit. Il a fallu au Fils de Dieu vaincre la mort par sa mort pour qu'elle n'ait plus d'emprise sur l'homme et que ce dernier puisse vivre éternellement.

Il est vrai que la croix, en participation à celle de Jésus, est le chemin indispensable pour nous à cause du péché, mais elle n'est pas le but de notre vie chrétienne.

Ne nous arrêtons donc jamais en milieu de chemin, ne nous repliant jamais sur nos souffrances, nos douleurs, nos peines. Notre but c'est la participation à la vie divine, à la joie divine.

C'est cet étrange paradoxe de la cohabitation de la souffrance et de la joie qui fait penser au Cardinal Urs Von Balthasar que "la joie chrétienne garde quelque chose de si particulièrement brûlant et dévorant". Elle nous empêche de nous installer dans une joie qui ne serait pas parfaite, pas plénière. Elle garde un visage de joie "stigmatisée" (Paul VI) et nous pousse à toujours monter plus haut et plus loin.

Si la souffrance nous accable si aisément c'est parce que nous perdons de vue le sens que le Christ veut lui faire porter en nos vies. Nous nous arrêtons trop souvent à son visage de douleur et nous ne voyons plus l'amour qui brûle au coeur du Crucifié.

Le secret de la croix, le secret de la joie au sein même de la croix, c'est l'amour. Ce que résumera le Pape Jean-Paul II en ces termes :

> "La joie vient de la découverte du sens de la souffrance, de la souffrance offerte par amour".

En effet, si la croix du Christ ne débouche pas sur la résurrection, et si donc ses souffrances n'ont aucun sens, nous sommes les plus malheureux des hommes et notre foi est vaine (cf. 1 Co 15, 19). Mais si au contraire Christ est ressuscité, et que pour nous cela ne demeure pas seulement dans nos manuels de catéchisme, nous sommes les plus heureux des hommes.

Sommes-nous vraiment convaincus que la victoire nous a définitivement été acquise par Jésus ? Non seulement par son sang versé sur la croix mais également au travers de son agonie à Gethsémani. C'est en ce mystère, plus précisément de sa Passion, que Jésus a vaincu pour nous la tristesse.

"*Mon âme est triste à en mourir*" dira-t-Il à ses disciples, leur demandant de veiller avec Lui (Mc 14, 34). Cette tristesse qu'il a acceptée de porter sur Lui pour qu'elle ne nous accable plus, c'est la tristesse du monde, celle qui conduit au désespoir, et jusqu'aux portes de la mort.

Il y a en effet deux sortes de tristesse :

- La tristesse selon Dieu, qui est vivifiante. C'est par exemple celle de l'amoureux du Christ qui souffre d'être encore séparé de Lui et de ne pouvoir jouir pleinement du face à face. C'est aussi celle du pécheur qui se repent.

- Mais il y a une autre tristesse, celle du monde qui ne connaît pas Dieu, qui n'aime pas Dieu, qui se refuse à son amour. C'est cette tristesse-là que Jésus a vaincue pour nous à Gethsémani. Le combat et la victoire qui en ont résulté ont là aussi, comme sur la croix, été remportés au prix de son sang, de la sueur de sang que nous relate saint Luc (cf. Lc 22, 44).

C'est ce cri de triomphe que nous chantons, la nuit de Pâques, dans l'Exultet : c'est vraiment cette assurance que les puissances du mal ont perdu la bataille et que cette victoire a été définitivement remportée.

C'est aussi l'assurance que jamais plus rien ne pourra nous séparer de l'amour du Christ qui nous procure cette joie : *Ni la mort, ni la vie, ni présent, ni avenir... rien ne pourra nous séparer de l'amour du Christ* (Rm 8, 38-39).

Cette assurance fait de nous des hommes et des femmes qui n'ont rien à redouter. Non pas que nous soyons des surhommes mais Christ a remporté la victoire !

> "*Dans le monde, vous aurez à souffrir. Mais gardez courage, J'ai vaincu le monde*" (Jn 16, 33).

Nous sommes à Lui pour toujours, Il est à nous et avec nous pour toujours. Cela devrait nous faire nous écrier avec Pascal :

> "Joie, joie, joie, pleurs de joie !"

3- Un parfum de force

C'est ainsi que nous découvrons que la joie spirituelle a non seulement un parfum de paix, mais aussi un parfum de force. Il est tout à fait étonnant de réaliser combien ceux qui pratiquent la joie ont comme en surplus une force qui émane d'eux. Ils ne le sentent pas vraiment eux-mêmes, ce sont surtout ceux et celles qui les côtoient.

Ce parfum de force étant contagieux, il donne envie à celui qui le respire d'y participer. Déjà même il le fortifie. Il semble que ceux et celles qui vivent dans la joie du Christ sont comme des aimants : ils attirent, ils fortifient ceux qui les entourent.

4- Joie dans la tribulation

Pourtant ils vivent comme les autres des épreuves de toutes sortes. Nous avons déjà vu que pour un chrétien, joie et souffrance ne sont en aucun cas contradictoires. Elles peuvent quelquefois se rencontrer en même temps, en partie du moins.

La joie, à la différence du plaisir et de la jouissance, peut coexister avec la souffrance et la croix. Elle découle même parfois de la persécution et d'une expérience d'abaissement. Paul et Silas, au fond de leur prison, ne chantaient-ils pas les louanges de Dieu (cf. Ac 16, 25), s'estimant même heureux de pouvoir souffrir au nom de Jésus et de Lui prouver ainsi leur amour plus gratuitement ?

> *... Tenez pour une joie suprême, mes frères, d'être en butte à toutes sortes d'épreuves. Vous le savez : bien éprouvée, votre foi produit la constance.* (Jc 1, 2)

Cette attitude du chrétien est taxée de folie par le monde. Celui-ci ne peut la comprendre car il ne voit que l'affliction et la pauvreté du disciple et il ne voit pas plus profond, l'amour qui brûle au coeur de celui qui souffre avec et pour le Christ.

Un tel mystère, largement répandu dans les écrits du Nouveau Testament, était inédit dans le judaïsme. Il n'y a en effet que ceux qui participent à l'acte sauveur de Jésus en lui étant unis qui peuvent véritablement expérimenter une joie encore plus profonde que celle qui subsistera malgré la souffrance : la joie qui naît de la persécution elle-même !

> *Heureux êtes-vous quand les hommes vous haïront, quand ils vous frapperont d'exclusion et qu'ils insulteront et proscriront votre nom comme infâme à cause du Fils de l'homme... Réjouissez-vous ce jour-là et tressaillez d'allégresse, car votre récompense sera grande dans le ciel* (Lc 22, 23).

5- L'ascèse de la joie

Mais ce parfum de force qui émane de la joie suppose que nous nous disposions à l'entretenir et à le faire grandir. J'ai souligné au deuxième chapitre que la vraie joie était un don et qu'elle ne saurait être conquise par nos efforts personnels. Cela est tout à fait vrai. Mais elle n'est pas non plus passivité béate !

Il y aura des moments où le Seigneur nous demandera de pratiquer une certaine "ascèse de la joie". Cela peut sembler paradoxal mais ne l'est pas dans la pratique. Justement parce qu'elle est un parfum de force, la joie exigera de nous que nous en témoignions tout autant dans les moments "bénis" que dans les moments d'épreuve.

Si les contrariétés, souffrances, humiliations, etc. nous font perdre cette joie, c'est que celle-ci n'est peut-être pas encore réellement la vraie joie. Mais si nous pouvons la garder intacte au temps de l'épreuve, c'est le signe de la solidité de notre foi et de notre croissance dans l'amour.

> "Si ton allégresse est la même dans la joie et dans l'affliction... c'est l'amour" (Sainte Thérèse d'Avila).

Ce sera peut-être une joie plus cachée, une "douloureuse joie" comme aiment à dire les orientaux, une joie non sensible, une joie de pure volonté. Mais elle n'en sera pas moins joie. N'ayons pas peur d'être hypocrites en continuant à la pratiquer alors qu'apparemment notre coeur éprouve tout autre chose.

Voici le conseil que donnait saint Théophane Vénard à son frère :

> "Je te parlerai de mes peines, surtout de mes joies ; car il vaut mieux envisager la vie sous son bon côté et rendre autant que possible les impressions de son âme tranquilles et sereines. Il n'y a que peu d'utilité à la tristesse, en sorte qu'au sein de l'abattement, du dégoût, de toutes espèces de souffrances, il faut prendre son coeur à deux mains et lui faire crier malgré lui : "Vive la joie quand même !"

Donc, ne nous tolérons pas de moments où notre joie s'éteindrait ou bien serait mise en veilleuse. Disons-nous que ce sont des moments privilégiés pour que notre foi, notre espérance et notre charité grandissent. Examinons-nous devant le Seigneur et nous verrons que les moments où notre joie faiblit, sont souvent des moments où nous refusons quelque chose au Seigneur dans un mouvement de repli sur nous-mêmes.

L'épisode du jeune homme riche est - à ce titre - très enseignant. Jésus lui proposait de vendre ses biens puis de se mettre à sa suite pour grandir dans l'amour. Le jeune homme ayant refusé, il nous est dit qu'*il s'en retourna tout triste* (Mc 10, 22), de la tristesse de celui qui refuse de donner davantage, de se donner davantage !

6- Quelques conseils concrets pour une pratique de la joie

Nous pouvons prendre par exemple les quelques résolutions suivantes, en sachant qu'elles ne sont pas une recette à suivre à la lettre pour réussir en tout point à vivre la joie. Car notre joie sera aussi personnelle que notre foi et notre amour pour Jésus. Chacun d'entre nous pourra se sentir libre d'inventer d'autres "pratiques" de joie qu'il sentirait plus appropriées à son cheminement.

a- <u>Le sourire</u> : il est un acte de joie, autant pour nous-mêmes que pour les autres.

> "... Fussiez-vous tristes comme des hiboux, je vous forcerais à vous dérider au moins dix fois par jour".
> (Monseigneur Retord)

Ne le négligeons pas sous prétexte qu'il est apparemment très simple. Simple, oui, quand les événements et les gens vous "sourient" justement. Plus difficile quand vous êtes contrariés ou dans l'épreuve.

Beaucoup ont peut-être déjà lu cette petite phrase mais je la redonne, car elle fait toujours du bien :

> "... Souris même si ton sourire est triste car il existe quelque chose de plus triste qu'un sourire triste, c'est la tristesse de ne pas savoir sourire".

Si comme le disait Bergson : "le rire est le propre de l'homme", j'ai bien envie de rajouter que le sourire, quant à lui, est le propre du saint :

> "Faire mourir chaque souffrance dans un sourire, c'est la perfection !"
> (Monseigneur Pagès)
>
> "Un jour, saint François d'Assise rencontra un novice dont la figure était triste : "Pourquoi cette figure ?" lui demanda-t-il. "As-tu commis quelque péché ? Cela ne regarde que Dieu et toi. Va prier. Mais devant moi et devant tes frères, aie toujours une mine saintement joyeuse car il ne convient pas, quand on est au service du Seigneur, de montrer un air maussade et renfrogné !"

b- Les paroles de consolation, de douceur, de détente peuvent aussi beaucoup contribuer à briser un climat de repliement sur soi, en nous ou chez les autres, et ainsi faire grandir la joie. Attention aux discours négatifs, et aux paroles décourageantes : ce sont de véritables poisons pour la joie.

c- L'esprit de louange et d'action de grâce, sur lequel nous insistons beaucoup dans notre communauté. Beaucoup expérimentent régulièrement un certain combat intérieur, au moment de faire le choix entre s'enfermer dans une tristesse, un murmure, une amertume, ou s'ouvrir à la louange (même au prix d'une certaine ascèse).

Leur expérience est que cette dernière a un effet de libération : elle libère en eux la joie et tout ce qui est tristesse et lourdeur s'écroule. Simplement, il appartient à chacun d'entre nous de vouloir, par la louange, crever l'abcès qui nous prive de joie.

En effet, il y a souvent un certain combat à mener. Trop peu en prennent conscience et manquent ainsi des occasions de grandir dans la joie. Le Malin, lui, ne veut pas de la joie. Il a choisi la tristesse de sa solitude et il est absolument jaloux de la joie que Dieu offre en partage à ses enfants.

Aussi, parfois, aurons-nous à combattre de véritables tentations contre la joie. Il est un épisode du second livre des Chroniques (cf. 2 Ch 20, 15 et 21-22) qui me semble à ce propos très parlant. C'est celui où le peuple d'Israël s'est retrouvé face aux Ammonites pour livrer bataille. Sa stratégie a été de placer les chantres et les musiciens en première ligne, devant même les soldats... Piètre diplomatie de guerre en apparence ! Pourtant Israël a gagné la bataille :

> *La joie de Dieu est votre forteresse.*
> (Ne 8, 10)

Pour nous, il en va de même : que notre louange et notre joie soient toujours en première ligne dans nos vies, nous faisant ainsi remporter des victoires dans le combat spirituel :

> "... Contre toutes les machinations et les ruses de l'ennemi, ma meilleure défense c'est encore l'esprit de joie".
> (Saint François d'Assise)

V

MARIE

CAUSE DE NOTRE JOIE

Au terme de ce petit traité, il peut apparaître au lecteur que la vraie joie à laquelle il aspire lui paraît bien difficile à atteindre. Il est une créature qui peut l'y aider parce qu'elle est sa mère dans le Christ : la Vierge Marie.

Elle est à la fois invoquée comme "Mère des douleurs" et "Cause de notre joie". S'il est en effet une créature humaine qui a su vivre aussi profondément et parfaitement la croix et la joie tout en même temps, c'est bien Marie.

Au pied de la croix, Marie est dans une immense souffrance : celle de voir mourir son fils, le Christ. Mais elle est aussi dans la joie : celle de savoir que Dieu accomplit son oeuvre et ses promesses.

Alors si nous nous sentons trop démunis devant un tel mystère, appelons-la, demandons-lui avec insistance qu'elle nous fasse expérimenter (d'une expérience du coeur et non de la tête) ce qu'est la vraie joie.

Car plus une âme devient mariale, c'est-à-dire plus elle vit en intimité avec Marie, plus aussi elle devient joyeuse. Elle est introduite dans ce que vit la Vierge : la joie la plus intense qu'il ait jamais été donnée de goûter à une créature humaine.

Pourquoi la Vierge Marie est-elle joie ? Parce qu'elle est pure capacité d'accueil de la joie de Dieu. Son âme - et toute sa vie - faisait la joie de son Seigneur, non à cause de ce qu'elle accomplissait pour Lui, mais à cause de ce qu'Il parvenait à faire en elle. En ce sens, Marie était (et est toujours) le "climat" où Dieu aime à se reposer.

Pour reprendre la très belle expression de saint Louis-Marie Grignion de Montfort, Marie est "le paradis de Dieu". Comme si le Seigneur de l'univers préférait vivre en elle et s'y reposer. En se donnant entièrement à

Celui qui s'incarne en elle, Marie devient pleinement une âme-épouse, et le parfum d'une âme-épouse, c'est la joie.

Au moment de la Visitation, la joie de Jean-Baptiste dans le sein de sa mère est, certes, liée à la présence du Messie. Mais n'oublions pas qu'elle lui est donnée par la médiation de Marie. Il doit en aller de même pour nous. Que Marie soit la médiatrice de notre joie, qu'elle devienne cause de notre joie en nous donnant Jésus.

Je crois que cette présence toute particulière de la Vierge Marie est caractéristique des temps que nous vivons. Il semble qu'elle désire se faire de plus en plus proche des chrétiens du XXème siècle. Et partout où se manifeste l'action de la Vierge, l'Esprit (et la joie qui l'accompagne) sont présents :

> "Quand l'Esprit trouve Marie dans une âme, Il s'y précipite" (Saint Bernard).

CONCLUSION

LE TEMOIGNAGE DE LA JOIE

Il est un devoir qu'en tant que chrétiens, nous avons à remplir : celui de ne pas garder ce trésor pour nous-mêmes. Ne thésaurisons pas.

> "Fais comprendre aux hommes qu'ils n'ont pas d'autre devoir au monde que la joie" (Paul Claudel).
>
> "Quand elle n'est pas partagée, la joie se fait aride, et elle s'évanouit..." (Jean Paul II).

Témoignons-en à ceux qui nous entourent, et pour cela, vivons-en d'abord nous-mêmes.

> "Je croirai quand les chrétiens auront une tête de sauvés !" (Nietzsche)

J'oserais ajouter : un coeur et une tête de sauvés !

Expérimentons en premier que Dieu est capable de combler vraiment le coeur humain. Mais pas un Dieu relégué aux oubliettes ou qu'on ne fréquente que le dimanche ! Un Dieu vivant, un Dieu personnel, un Dieu tout proche.

Si par exemple tant de catholiques continuent à ne pas réellement croire en la vie éternelle (58% des catholiques l'affirmaient en 1982), il n'est pas étonnant que leur joie ne soit pas pleine. Car la joie de la vie éternelle est celle de la résurrection. Cette destinée seule nous fait jubiler. Notre joie ne sera limpide et pleine que si elle témoigne de l'authenticité de notre vie chrétienne : "de la vie chrétienne qui est joyeuse !" (Paul VI).

Si notre joie est vraie, elle ne pourra que se voir (et je ne parle pas d'abord d'une joie extériorisée, bruyante et quelque peu superficielle). Si donc elle se voit, d'elle-même elle parlera. Si elle parle, ce ne sera que pour désigner sa propre source.

C'est en ce sens-là que nous pourrons être apôtres ! Il n'est pas d'abord besoin de parcourir villages et paroisses pour évangéliser. Certains ont cette mission. D'autres ne l'ont pas, du moins pas de cette façon-là. Mais "toute âme joyeuse est apôtre !" (Yvonne Estienne).

Nous devons demander à Dieu le don de pouvoir attirer beaucoup d'âmes vers Lui par le témoignage de notre joie.

> "La joie est un filet avec lequel on peut prendre des âmes" (Mère Teresa).

Il se trouvera toujours des hommes et des femmes qui, autour de nous, ne voudront pas entendre notre message de joie. Des hommes et des femmes qui par leur indifférence ou leur hostilité se boucheront les oreilles. Mais il est très difficile de, simultanément, se boucher les oreilles et de se voiler les yeux. S'ils ne veulent pas nous écouter, ils nous verront, ils verront notre joie de vivre, notre joie de croire. Peut-être touchera-t-elle leur coeur et s'ouvriront-ils à leur tour au Christ afin de crier eux aussi, avec saint Séraphim de Sarov :

MA JOIE :

CHRIST EST RESSUSCITE !

POUR ALLER PLUS LOIN...

Cette collection intitulée *Petits Traités Spirituels* a pour but de vous aider à approfondir votre vie de foi et de prière au sein de l'Eglise. Ainsi, et pour qu'elle puisse réellement répondre à vos besoins, nous vous invitons à :

- nous poser - par écrit - d'éventuelles questions quant à tel ou tel sujet abordé dans l'un de ces fascicules... (merci de joindre une enveloppe timbrée à votre adresse).

- nous suggérer des thèmes qui vous intéresseraient.

- nous envoyer des cassettes - ou manuscrits - qui seraient susceptibles de faire l'objet de tels traités.

Béni soit Dieu..., le Père de notre Seigneur Jésus-Christ, le Père plein de tendresse, le Dieu de qui vient tout réconfort. Dans toutes nos détresses, Il nous réconforte ; ainsi, nous pouvons réconforter tous ceux qui sont dans la détresse, grâce au réconfort que nous recevons nous-mêmes de Dieu (2 Co 1, 3-4).

Par les doux liens de l'Esprit Saint qui nous unissent, et dans le coeur de l'Eglise notre Mère, nous vous invitons également à puiser dans les trésors infinis de la communion des Saints, en n'hésitant pas à nous écrire pour nous confier les questions, détresses et souffrances qui vous habitent... Nous les exposerons, avec vous, à la Compassion de notre Dieu..., dans l'adoration et l'intercession quotidiennes. Nous pourrons aussi vous apporter une réponse par courrier, si vous le désirez.

De même que nous avons largement part aux souffrances du Christ, de même par le Christ, nous sommes largement réconfortés
(2 Co 1, 5).

Sainte Marie des Anges
Communauté des Béatitudes
Couvent Notre-Dame
81170 - CORDES

TABLE DES MATIERES

Achevé d'imprimer en août 1997
sur les presses de l'Imprimerie Bussière
à Saint-Amand-Montrond (Cher)

— N° d'impression : 1633. —
Dépôt légal : juillet 1992.

Imprimé en France